Die Deutsche Bibliothek verzeichnet diese Publikation
in der Deutschen Nationalbibliografie;
detaillierte bibliografische Daten sind im Internet
über http://dnb.ddb.de abrufbar

© der deutschsprachigen Ausgabe
2005 Patmos Verlag GmbH & Co. KG
Sauerländer Verlag, Düsseldorf
Aus dem Französischen neu übersetzt von Tobias Scheffel
Alle Rechte vorbehalten
ISBN 3-7941-5057-0
Printed in Austria
www.patmos.de

Eugène Ionesco
Josette und ihr Papa

Geschichte Nr. 4

Aus dem Französischen von
Tobias Scheffel
Mit Bildern von
Katharina Bußhoff

An diesem Morgen klopft Josette wie gewöhnlich
an die Schlafzimmertür ihrer Eltern.

Papa hat nicht besonders gut geschlafen.
Mama ist für ein paar Tage aufs Land gefahren.
Das hat Papa ausgenutzt. Er hat ganz viel Wurst gegessen,
Bier getrunken, Schweinspastete gegessen
und viele andere Sachen, die Mama ihm immer verbietet,
weil sie ungesund sind.

Und jetzt geht es Papa schlecht.
Er hat Bauchweh und Kopfweh und würde am liebsten
gar nicht wach werden. Aber Josette klopft noch immer an die Tür.
Also sagt Papa, sie solle hereinkommen.

Sie kommt ins Schlafzimmer und geht zu ihrem Papa.
Mama ist nicht da.

Josette fragt:
»Wo ist Mama?«

Papa antwortet: »Deine Mama ist zu ihrer Mama aufs Land gefahren,
um sich zu erholen.«

Josette fragt: »Zu Oma?«

Papa antwortet: »Ja, zu Oma.«

»Schreib Mama«, sagt Josette.
»Ruf Mama an«, sagt Josette.

Papa sagt: »Wir sollen nicht anrufen.«
Dann sagt Papa zu sich selbst. »Vielleicht
ist sie ja woanders …«

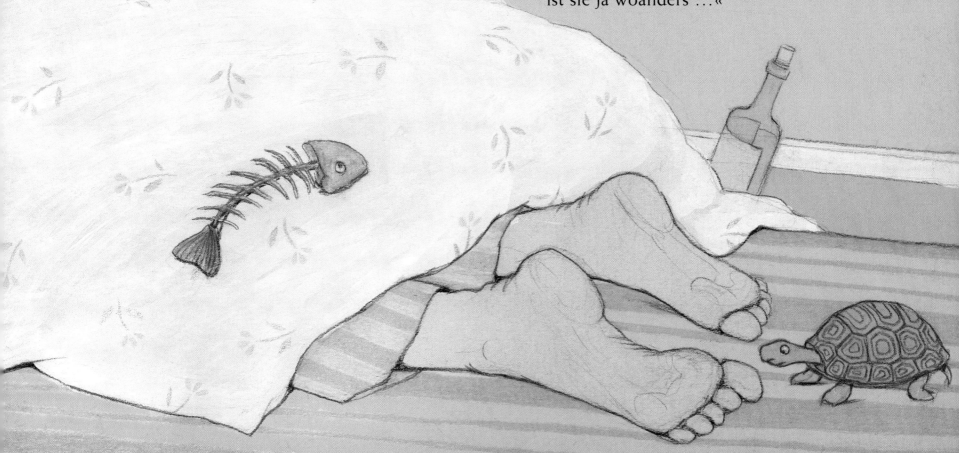

»Nein«, sagt Papa, »ich muss zur Arbeit.
Ich stehe auf und ziehe mich an.«

Und Papa steht auf. Er zieht seinen roten Bademantel über den Schlafanzug und steigt in seine Pantoffeln.

Er geht ins Bad.

Er macht die Badezimmertür zu.

Josette steht vor der Badezimmertür.
Sie hämmert mit ihren kleinen Fäusten gegen die Tür,
sie weint.

Josette sagt: »Mach die Tür auf.«

Papa antwortet: »Ich kann nicht. Ich hab nichts an.
Ich wasche mich, dann rasiere ich mich.«

Josette fragt: »Machst du auch Pipi-Kaka?«

»Ich wasche mich«, antwortet Papa.

Josette sagt: »Du wäschst dir das Gesicht, du wäschst dir
die Schultern, du wäschst dir die Arme, du wäschst dir den Rücken,
du wäschst dir den Popo, du wäschst dir die Füße.«

»Ich rasiere mich«, sagt Papa

»Rasierst du dich mit Schaum?«, fragt Josette. »Ich will rein,
ich will gucken.«

Papa sagt: »Du kannst mich nicht sehen.
Ich bin nicht mehr im Bad.«

Josette fragt: »Wo bist du dann?«

Papa antwortet: »Ich weiß nicht, schau mal nach.
Vielleicht bin ich im Esszimmer.«

»Such mich.«

Josette läuft los, und Papa beginnt sich zu waschen.
Josette rennt mit ihren kurzen Beinchen ins Esszimmer.
Papa hat seine Ruhe, aber nicht lange.
Josette kommt wieder zur Badezimmertür.

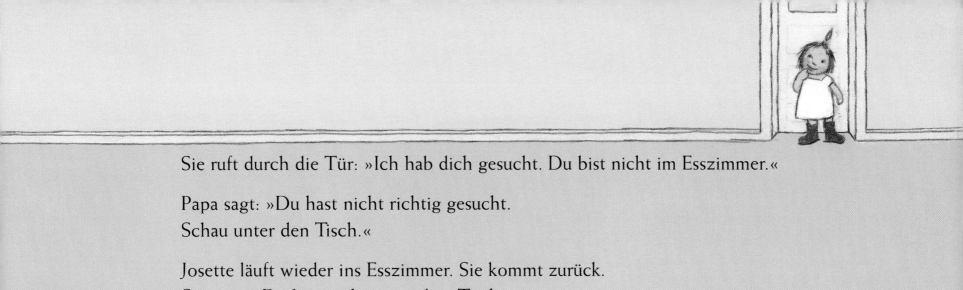

Sie ruft durch die Tür: »Ich hab dich gesucht. Du bist nicht im Esszimmer.«

Papa sagt: »Du hast nicht richtig gesucht.
Schau unter den Tisch.«

Josette läuft wieder ins Esszimmer. Sie kommt zurück.
Sie sagt: »Du bist nicht unter dem Tisch.«

Papa sagt: »Dann such mich im Wohnzimmer.
Schau ganz genau, ob ich auf dem Sessel, auf dem Sofa,
hinter den Büchern oder am Fenster bin.«

Josette geht. Papa hat seine Ruhe, aber nicht lange.

Josette kommt zurück.

Sie sagt: »Nein, du bist nicht im Sessel, du bist nicht am Fenster, du bist nicht auf dem Sofa, du bist nicht hinter den Büchern, du bist nicht im Fernseher. Du bist nicht im Wohnzimmer.«

Papa sagt: »Dann schau nach, ob ich in der Küche bin.«

Josette sagt: »Ich such dich in der Küche.«

Josette rennt in die Küche. Papa hat seine Ruhe,
aber nicht lange.

Josette kommt zurück.

Sie sagt: »Du bist nicht in der Küche.«

Papa sagt: »Schau ganz genau unter dem Küchentisch.
Schau ganz genau, ob ich im Schrank bin,
schau ganz genau, ob ich in den Töpfen bin,
schau ganz genau, ob ich mit dem Huhn
im Ofen bin.«

Josette rennt weg und kommt zurück.
Papa ist nicht im Ofen, Papa ist nicht in den Töpfen, Papa ist nicht im Schrank,
Papa ist nicht unter der Fußmatte. Papa ist auch nicht in seiner Hosentasche.

In der Hosentasche ist nur das Taschentuch.

Josette steht wieder vor der Badezimmertür.

Josette sagt: »Ich hab dich überall gesucht.
Ich hab dich nicht gefunden. Wo bist du?«

Papa sagt: »Ich bin hier.«

Und Papa, der Zeit hatte, sich zu waschen,
der sich rasiert hat, der sich angezogen hat,
macht die Tür auf und sagt:
         »Hier bin ich.«

Er nimmt Josette in die Arme.
Im selben Moment geht die Haustür
am Ende des Korridors auf, …

... und Mama kommt herein.

Josette springt von Papas Armen herunter und wirft sich ihrer Mama in die Arme.
Sie gibt ihr einen Kuss und sagt: »Mama, ich hab Papa unter dem Tisch, im Schrank,
unter dem Teppich, hinter dem Spiegel, in der Küche und im Mülleimer gesucht,
aber er war nicht da.«

Papa sagt zu Mama: »Ich bin froh, dass du wieder zu Hause bist.
War es schön auf dem Land ...? Wie geht es deiner Mutter?«

Josette fragt: »Geht es Oma gut ...?«

»Besuchen wir sie …?«